Hugs, Kisses and Stories
Câlins, Bisous et Histoires

Story and Illustrations by Melanie Lausen

Pour École Brentwood

[signature]

AuthorHouse™
1663 Liberty Drive
Bloomington, IN 47403
www.authorhouse.com
Phone: 1 (800) 839-8640

Published by AuthorHouse 10/31/2017

ISBN: 978-1-5462-1387-1 (sc)
ISBN: 978-1-5462-1388-8 (e)

Library of Congress Control Number: 2017916129

Print information available on the last page.

authorHOUSE®

I love my bed. It is warm, cozy and safe.
Mom says it's time to get up for school,
But I don't want to leave my bed.

*J'aime mon lit. Il est chaud,
confortable, et sécuritaire.
Maman dit que c'est le temps
de se lever pour l'école,
Mais je ne veux pas laisser mon lit.*

Mom says we're having waffles!
I jump out of bed like a kangaroo.
I eat lots for breakfast.
Man, I am full.

Maman dit qu'on mange des gaufres!
Je saute de mon lit comme un kangourou.
Je mange beaucoup pour le déjeuner.
Ouf, je suis plein.

While waiting to leave for school, I go outside and see my new kitty.
He is still scared of me.
Dad says I need to be still and patient.

En attendant pour partir pour l'école, je vais dehors et je vois mon nouveau chaton.
Il a encore peur de moi.
Papa dit que je dois être calme et patient.

I pretend to be a dinosaur statue at the museum.
They are quiet.
I hear purring, but dinosaurs don't do that.
New kitty is there.
I will call him New Kitty.

Je fais semblant d'être une statue au musée.
Elles sont tranquilles.
J'entends du ronronnement, mais les dinosaures ne font pas ça.
Le nouveau chaton est là.
Je vais l'appeler Nouveau chaton.

When I get to school, there are lots of people.
I am nervous and don't want my parents to go.
But then I see my friend Hannah.
We have lots of fun and I am now happy to stay.

Lorsque j'arrive à l'école, il y a beaucoup de personnes.
Je suis nerveux et ne veux pas que mes parents partent.
Mais je vois mon amie Hannah.
Nous avons beaucoup de plaisir et je suis content d'y rester.

Back home I ride the combine with Great Grandpa.
The combine is big and green, my favorite colour.
Great Grandpa said when he was little he used horses to harvest the grain.
I like Great Grandpa's stories.

Une fois de retour, je conduis la moissonneuse-batteuse avec Vieux pépère. Elle est grosse et verte, ma couleur préférée. Vieux pépère m'a dit que lorsqu'il était petit il utilisait des chevaux pour cueillir les grains.J'aime les histoires de Vieux pépère.

After supper, I can go riding.
I love my horse.
I can go fast, like a plane.
But when my horse stops
to eat grass, I fall off.

Après le souper, je peux faire de l'équitation.
J'aime bien mon cheval.
Je peux aller vite, comme un avion.
Mais quand mon cheval arrête pour
manger de l'herbe, je tombe en bas.

Mom comes and gives me a hugs, kisses
and stories.
That helps me feel better, so I get back on.

*Maman vient me donner un câlin, un bisou et
une histoire.
Cela me fait sentir mieux, alors
j'embarque de nouveau.*

At the end of the day, my brother and I are playing outside.
He runs toward the dog.
He loves the dog.
My brother doesn't know how
to run very well yet.

À la fin de la journée,
mon frère et moi jouent dehors.
Il court vers le chien.
Il adore le chien.
Mon frère ne sait pas encore
courir très bien.

He trips and falls like a rock.
He hurts his knee and starts to cry.
Wow he is loud!
My ears hurt.

Il trébuche et tombe comme une roche.
Il s'est fait mal au genou et commence à pleurer.
Ouf, il crie fort!
J'ai mal aux oreilles.

I know what will help him.
He needs a hug.
He needs a kiss.
He needs a story.

Je sais ce qui pourrait l'aider.
Il a besoin d'un câlin.
Il a besoin d'un bisou.
Il a besoin d'une histoire.

Now it's time to get ready for bed.
Mom and Dad tell us stories before we sleep.
I lie my head down on my pillow.
I think of all the things I can do tomorrow.

Maintenant il est temps pour se coucher.
Maman et Papa nous racontent des histoires avant de s'endormir.
Je me couche la tête sur mon oreiller.
Je pense à toutes les choses que je peux faire demain.

CPSIA information can be obtained
at www.ICGtesting.com
Printed in the USA
LVOW05s0617250118
563612LV00008B/72/P

9 781546 213871